AF592553

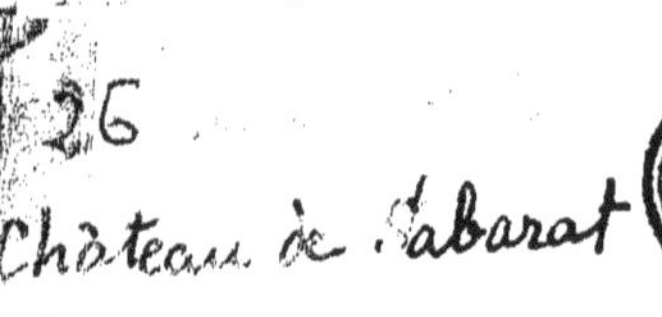

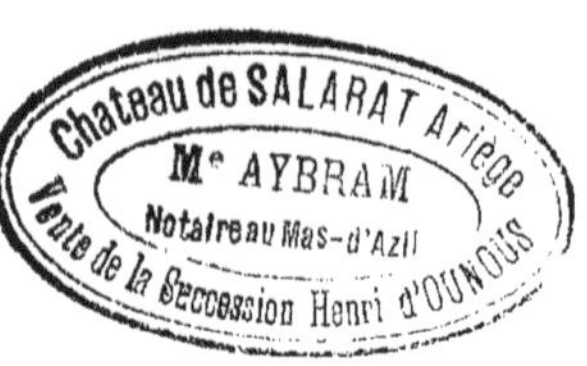

COLLECTIONS

de la Succession D'OUNOUS-DE CLERVAUX

Meubles Anciens

Tapisseries

Tableaux

Argenterie

Monnaies - Médailles - Poids - Sceaux

Armes - Ferronnerie

Bibelots et Objets d'Art

Émaux et Faïences

Poteries Grecques et Étrusques

Géologie et Paléontologie

Bibliothèque

VENTE PUBLIQUE

Au Château de SABARAT (Ariège)
le **26 Juin 1910** et jours suivants
par Ministère de Me Gaston AYBRAM,
notaire, au MAS D'AZIL

Imprimerie du Centre - TOULOUSE

La vente sera faite au comptant

Les acquéreurs paieront dix pour cent en sus des enchères.

L'expert se réserve la faculté de réunir ou de diviser les lots.

L'Exposition mettant le public à même de se rendre compte de l'état et de la nature des objets, il ne sera admis aucune réclamation, une fois l'adjudication prononcée.

JOURS D'EXPOSITION

24 et 25 Juin 1910

ORDRE DES VACATIONS

Monnaies — Médailles — Poids Argenterie Armes et Ferronnerie	les 26 et 27 Juin
Émaux et Faïences	le 28 Juin
Bibelots et Objets d'Art . . .	le 30 Juin
Tableaux.	le 1er Juillet
Poteries — Géologie et Paléontologie	le 2 Juillet
Bibliothèque	le 3 Juillet
Meubles d'Art et Tapisseries. .	le 4 Juillet et jours suivants

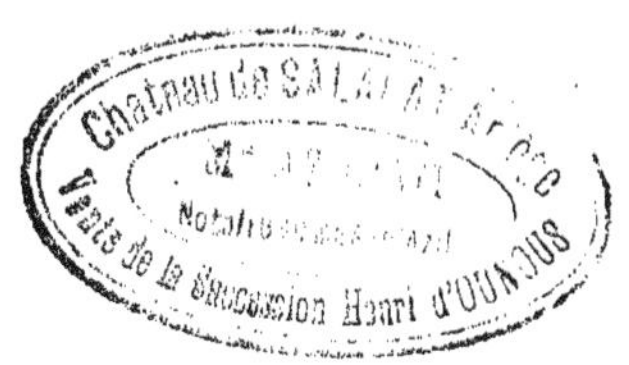

Catalogue Sommaire
des
MONNAIES MÉDAILLES
et
POIDS

JOURS DE VENTE

Les 26 et 27 Juin 1910

à SABARAT

EXPERT

M. Gabriel BROUSSE

10, Rue de Metz -- TOULOUSE

Monnaies d'Or

EMPIRE ROMAIN

1. *Vespasien* (69-79). Tête laurée à droite. — R/. La Concorde assise (Cohen 64). — Poids, 7 gr. 18. — TB.

2. *Trajan* (98-117). Buste lauré, drapé et cuirassé à droite. — R/. La Fortune assise à gauche (Cohen 148). — Poids, 7 gr. 05. — TB.

3. *Marc-Aurèle*, empereur (161-180). Tête nue à droite. — R/. Marc-Aurèle et Lucius Verus se donnant la main (Cohen 73). — Poids, 7 gr. 27. — FDC.

4. *Valens* (328-378). Buste diadémé à droite. — R/. Valens en habit militaire (Cohen 31). — Poids, 4 gr. 47. — TB.

5. — Buste diadémé et drapé à droite. — R/. Valens et Valentinien assis (Cohen 53). — Poids, 4 gr. 30. — B.

6. *Constance II* (337-361). Buste à droite. — R/. Deux Victoires debout (Cohen 280). — Poids, 4 gr. 57. — FDC.

7. *Valentinien II* (371-392). Buste à droite. — R/. Valentinien et Gratien assis (Cohen 37). — Poids, 4 gr. 12. — FDC.

8. — la même. — Poids, 4 gr. 45. — B.

9. *Théodose Ier* (379-395). Buste diadémé. — R/. Deux empereurs assis. — Poids, 4 gr. 32. — TB.

10. *Valentinien III* (424-455). Buste diadémé. — R/. Valentinien debout (Cohen 19). — Poids, 4 gr. 36. — FDC.

11. — même droit. — R/. Sans légende. Croix dans une couronne. Triens (Cohen 49). — Poids, 1 gr. 40. — TB.

12. *Zenon* (474-491). Buste diadémé. — R/. Victoire marchant à gauche. Triens. — Poids, 1 gr. 18. — B.

13. *Anastase* (479-518). Buste de face. — R/. Victoire debout. — Poids, 4 gr. 33. — B.

14. *Focas* (602-610). Buste de face. — Poids, 4 gr. 36. — B.

ROIS WISIGOTHS

15. *Reccarede*. Tiers de Sou. — TB.

ROIS FRANCS

16 *à* 24. Aquitaine. Différents monétaires. Tiers de sou. — 9 pièces. — TB et FDC.

CAPÉTIENNES

25. *Philippe de Valois*. Royal d'or. Le roi debout sous un dais gothique. — R/. Croix fleurdelisée dans un quadrilobe.

26. *Charles VIII*. Ecu au soleil. — R/. Croix fleurdelisée.

27. *François Ier*. Ecu au soleil. — R/. Croix fleurdelisée cantonnée de deux F et de deux fleurs de lis.

28. *Charles IX*. MDLXVIII. — Ecu d'or. Croix fleurdelisée.

29. *Louis XIII* (1641). Tête laurée. — R/. Croix couronnée, cantonnée de quatre fleurs de lis.

30. *Louis XV* (1730). Tête laurée. — R/. Armes de France et de Navarre surmontées d'une couronne.

31. RÉPUBLIQUE CISALPINE. L'Italie délivrée à Marengo. — 20 francs. L'An 10. — FDC.

ÉTRANGÈRES

32. ESPAGNE et ARAGON. *Ferdinand*, roi d'Aragon : buste. — *Jeanne d'Aragon* et *Charles*, roi de Castille : armes. — *Ferdinand V* et *Isabelle de Castille* : bustes affrontés. — *Charles Quint* : florin au Saint-Jean. — *Philippe II* : buste. — *Charles III* : armes. — Florins et ducats, 18 pièces. — B et TB.

33. ROYAUME DE PRUSSE. *Georges Frédéric*, margrave de Brandebourg (1688-1713). Ducat. — B.

34. AUTRICHE. *Ferdinand III*, empereur (1645), Buste et armes. Grand réal d'or. — Poids, 35 gr. — TB.

35. POLOGNE. *Wladislas Sigismond*, roi (1632). Ducat. — B.

36. PORTUGAL. *Sébastien I*[er] : cruzado. — *Cardinal Henri de Bragance* : cruzado. — 2 pièces. — B.

Monnaies d'Argent

GAULOISES

37. *Volsques Tectosages*, 38 pièces. — *Eduens*. — *Curiosolites*. — *Elusates*. — *Massaliotes*. — Ensemble, 42 pièces. — B.

RÉPUBLIQUE ROMAINE

38. Deniers variés. — Ensemble, 28 pièces. — B.

EMPIRE ROMAIN

39. *Octave Auguste* (3 p.). — *Tibère* (3 p.). — *Néron* (2 p.). — *Vespasien* (1 p.). — *Domitien* (2 p.). — *Trajan* (10 p.). — *Adrien* (4 p.). — *Antonin* (4 p.). — *Faustine mère* (5 p.). — *Faustine jeune* (4 p.). — *Lucille* (2 p.). — *Commode* (2 p.). — *Mamée* (1 p.). — *Maximin* (2 p.). — Ensemble : 45 pièces. — B et TB.

40. *Gordien III* (15 p.). — *Philippe père* (10 p.). — *Philippe fils* (5 p.). — *Aurélien* (3 p.). — *Aurélien et Vabalathe* (1 p.). — *Probus* (2 p.). — *Carin* (1 p.). — *Numérien* (3 p.). — *Dioclétien* (1 p.). — *Maximien Hercule* (1 p.). — *Valentinien III* (1 p.). — *Gratien* (1 p.). — Ensemble : 44 pièces.

CAROLINGIENNES

41. *Charles le Simple*. Deniers de Melle. — 5 pièces. — B.

ROYALES CAPÉTIENNES

42. *De Louis VIII à Louis XII*. Deniers parisis ; deniers tournois ; mailles ; doubles parisis ; gros blancs. — Ensemble : 62 pièces. — AB.

43. *François Ier* : testons (5 p.). — *Henri II* : testons (3 p.). — *Charles IX* : testons (8 p.). — Ensemble : 16 pièces. — B et TB.

44. *Henri III* : francs et testons (11 p.). — *Charles X* : quarts d'écus (2 p.). — *Henri IV* : francs et demi écus (10 p.). — Ensemble : 23 pièces. — B et TB.

45. *Louis XIII* (3 p.). — *Louis XIV* (14 p.). — *Louis XV* (12 p.). — *Louis XVI* (7 p.). — *Napoléon Ier* (2 p.). — Ensemble : 38 pièces. — B et TB.

FÉODALES

46. Bretagne, Toulouse, Provence, Maguelonne, Aragon, Albi, Béarn, Aquitaine, Guyenne, Poitou. Deniers et oboles. — Ensemble : 85 pièces. — B et TB.

47. Navarre (royaume de), Lorraine et Metz : testons. — Ensemble : 12 pièces. — B et TB.

ÉTRANGÈRES

48. Angleterre, Allemagne, Autriche, Espagne, Flandre, Milanais, Bourgogne, Suisse, Amérique du Sud. — Ensemble : 73 pièces.

PAPALES

49. Un lot de 5 pièces, argent et bronze.

Monnaies de Bronze

EMPIRE ROMAIN

50. Lot de 181 grands et moyens bronzes.

51. Lot de 134 petits bronzes.

CAPÉTIENNES

52. Lot de 42 capétiennes.

ÉTRANGÈRES

53. Lot de 88 pièces étrangères.

Jetons et Médailles

ARGENT

54. *Mines de France*, 1636 (1 p.). — *Conseil du roi*, 1632 (2 p.). — *Parties casuelles*, 1630 (1 p.). — *Revenus casuels*, 1651 (1 p.). — *Comitia occitaniœ* (6 p.). — *Ordre du Saint-Esprit* (4 p.). — *Secrétaires du Roi*, 1731 (6 p.). — *Extraordinaires des guerres* (1 p.). — *Chambre aux deniers* (1 p.). — *Maréchaussée de France* (1 p.). — Divers : *Louis XIII*, *Louis XIV*, *Louis XV*, *Louis XVI* (6 p.). — *Louis XVI*, mort du roi (1 p.).

55. Jetons Particuliers. — *Louis de Bourbon, prince de Condé* (2 p.). — *Gaston de France*, frère unique du roi, 1629 (1 p.). — *Anne d'Autriche : unus cunctus mihi*, 1622 (1 p.). — *Marie Thérèse*, 1680 et 1682 (2 p.). — — *Anne de Joyeuse* (2 p.).

56. *Mariage de Louis XIV* (1 p.). — *Saint-Sulpice* (1 p.). — *Prisonniers de Toulouse* (1 p.). — *Représentants du peuple ; Conseil des Cinq Cents ; J.-B. Selves ; L'An V* (1 p.). — *Napoléon I*^er^, sacre (1 p.). — *Charles X*, sacre (1 p.).

57. Lot de 37 jetons de cuivre.

58. Lot de 8 médailles en bronze.

59. Lot de 8 bulles pontificales.

60. Lot de 18 méreaux protestants.

61. Lot de 10 padouanes.

62. Lot de monnaies frustes.

Poids

Très belle et importante réunion de poids monétaires et poids du Midi.

Ensemble rare, comprenant 125 pièces. — TB.

12 sceaux gothiques. — TB.

Les planches ci-jointes ne représentent qu'une infime partie des objets qui seront mis en vente.

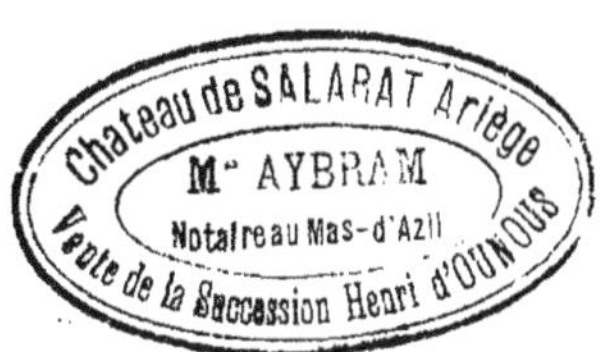
Chateau de SALARAT Ariège
Me AYBRAM
Notaire au Mas-d'Azil
Vente de la Succession Henri d'OUNOUS

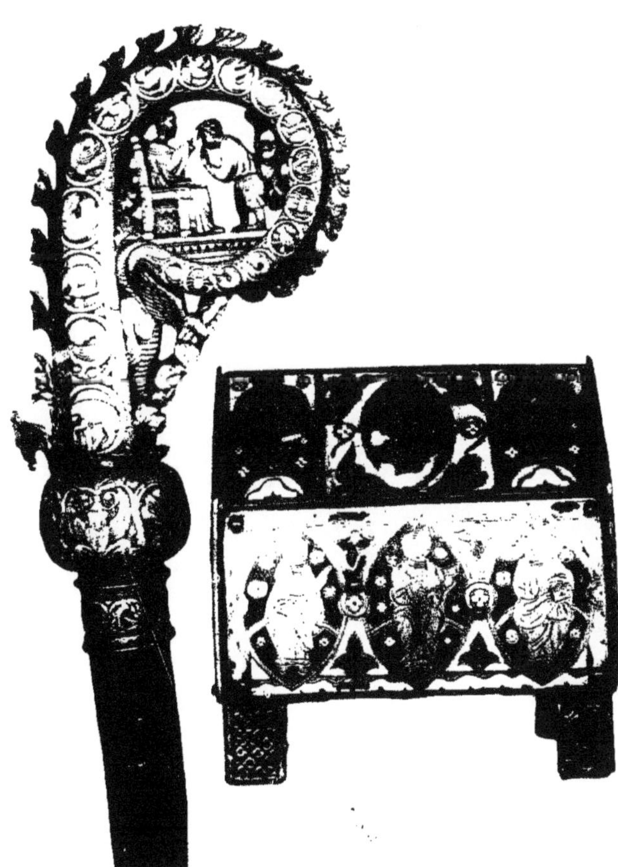

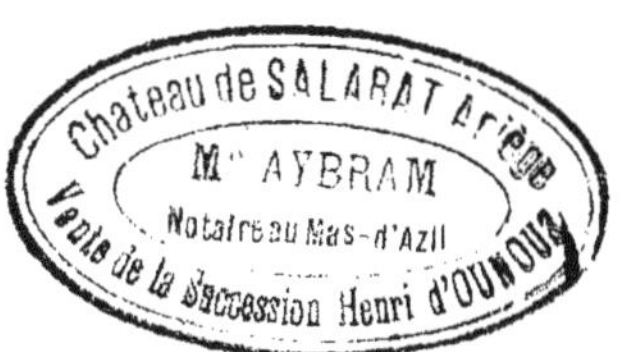
Chateau de SALABAT Ariège
Mᵉ AYBRAM
Notaire au Mas-d'Azil
Vente de la Succession Henri d'OUNOUS

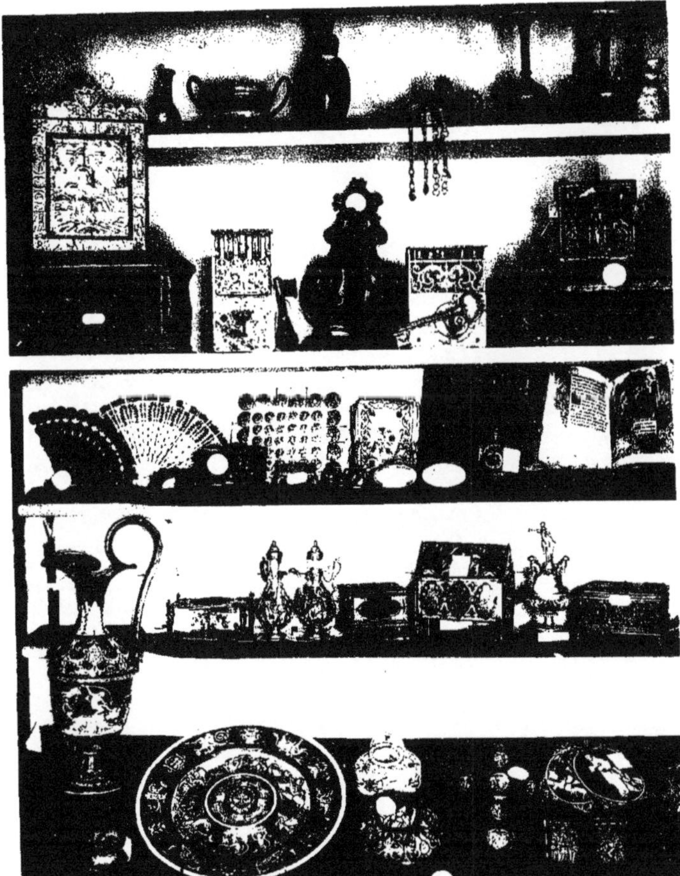

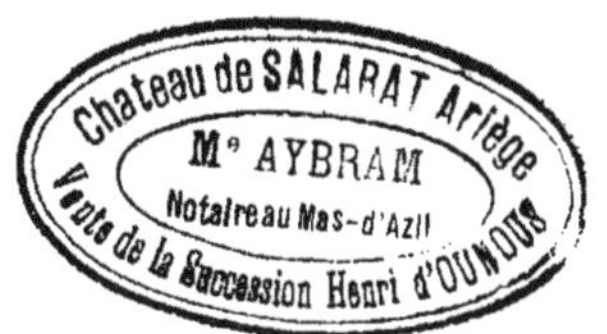
Chateau de SALARAT Ariège
Me AYBRAM
Notaire au Mas-d'Azil
Vente de la Succession Henri d'OUNOUS

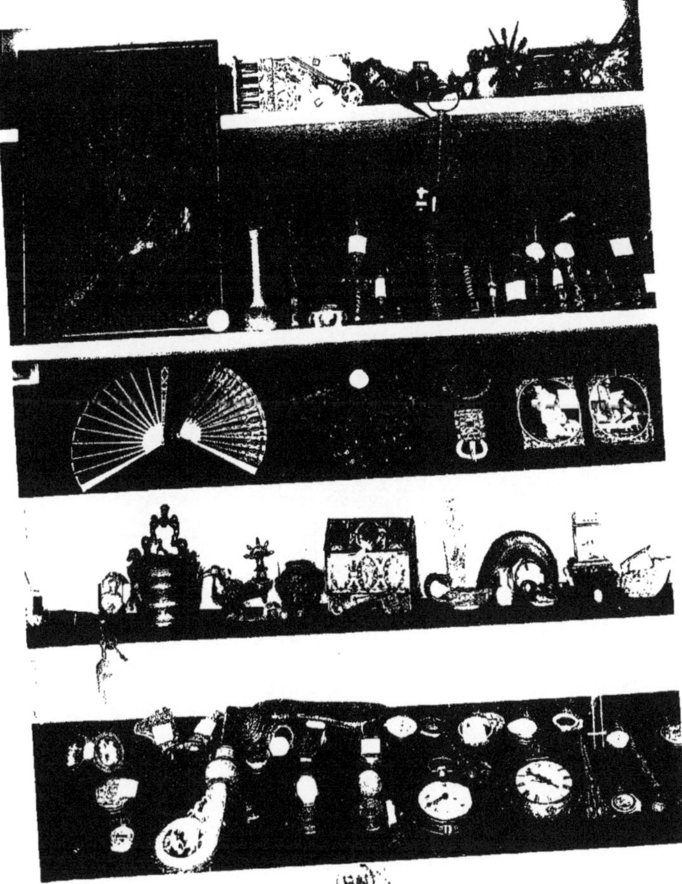

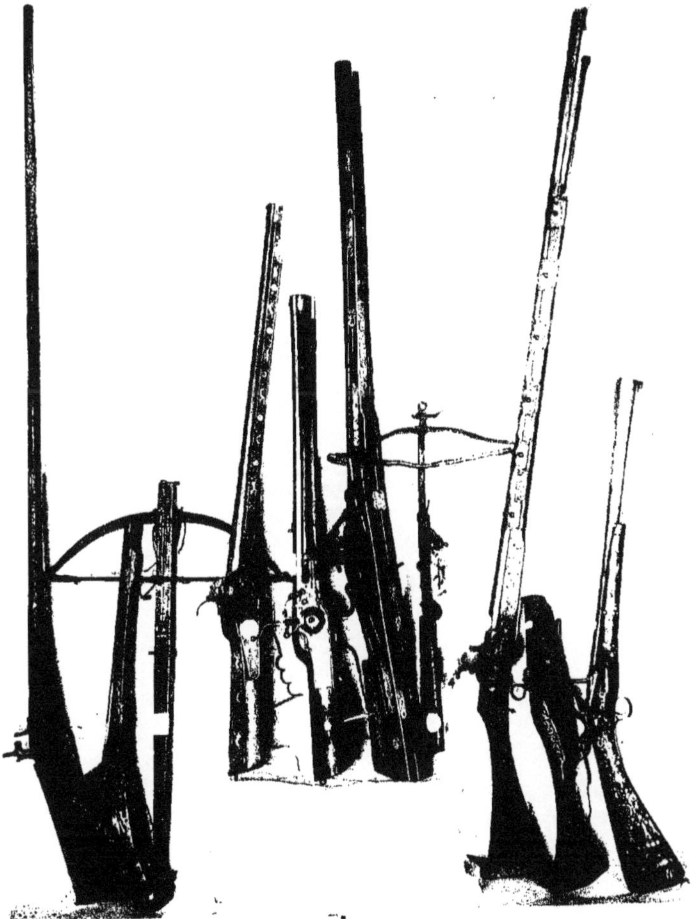

www.ingramcontent.com/pod-product-compliance
Ingram Content Group UK Ltd.
Pitfield, Milton Keynes, MK11 3LW, UK
UKHW020539180726
13839UKWH00006B/2615